AF358119

CATALOGUE

D'AQUARELLES

PAR

J.-B. Jongkind

Ces aquarelles appartiennent à la maîtresse de Jongkind comme la belle vente dans laquelle j'en avai acheté trois.

DONT LA VENTE AURA LIEU

Vente du 13 Mars 1902

HOTEL DROUOT, SALLE N° 11

Le Jeudi 20 Mars 1902

à 3 heures

<table>
<tr><td>COMMISSAIRE-PRISEUR</td><td>EXPERT</td></tr>
<tr><td>Me PAUL CHEVALLIER</td><td>M. GEORGES PETIT</td></tr>
<tr><td>10, rue de la Grange-Batelière, 10</td><td>12, rue Godot-de-Mauroi, 12</td></tr>
</table>

EXPOSITION

Le Mercredi 19 Mars 1902, de 1 heure 1/2 à 5 heures 1/2

CONDITIONS DE LA VENTE

Elle sera faite au comptant.

Les acquéreurs paieront *dix pour cent* en sus des prix d'adjudication.

DÉSIGNATION

JONGKIND

1 — *La Place de la Halle au Blé, à Nevers.*

Au dos, on lit : « La halle au blé, vue de l'embarcadère du chemin de fer et l'entrée du parc de Nevers. Station de petites voitures de Fourchambault, octobre 1870. »

Signé en bas, à droite, et daté : *1870.*

Aquarelle. Haut., 27 cent.; larg., 48 cent.

JONGKIND

2 — *Le Mont-Blanc*.

Au dos, on lit : « Vue prise sur la hauteur des montagnes, près le château d'Épinay. En face, le château de Virieu-sur-Bourbe. L'Isère au fond ; à gauche, les montagnes de Savoie et par-dessus le Mont-Blanc. »

Signé en bas, à gauche, et daté : *21 oct. 57*.

Aquarelle. Haut., 21 cent.; larg., 51 cent.

JONGKIND

3 — *Ferme de M. France, à la Pupetière*.

Au dos on lit : « Ferme de Monsieur France et de la femme Lapolini, à la Pupetière, près Virieu (Isère). Dauphiné, 28 août 76. »

Signé en bas, à droite, et daté : *1876*.

Aquarelle. Haut., 18 cent.; larg., 27 cent.

JONGKIND

4 — *La Maison du Jardinier.*

Au dos, on lit : « Pupetière, par Chabons (Isère), le 6 sept. 77, Maison de Carampon, jardinier. »

Signé en bas, à gauche, et daté : *1877.*

Aquarelle. Haut., 22 cent.; larg., 36 cent.

JONGKIND

5 — *La Loire, près de Nevers.*

Au dos, on lit : « La Loire, près de Nevers, vue prise sur le mont Apin, près la maisonnette de vigne du docteur Nord. »

Signé en bas, à droite, et daté : *1878.*

Aquarelle. Haut., 17 cent.; larg., 35 cent.

JONGKIND

6 — *Panorama de Nevers.*

Signé en bas, à gauche, et daté : *17 mars 71.*

Aquarelle. Haut., 19 cent.; larg., 32 cent.

JONGKIND

7 — *La Fontaine au pont du Drac, près Grenoble.*

Daté en bas, à droite : *20 sept. 83.*

Aquarelle. Haut., 31 cent.; larg., 42 cent.

JONGKIND

8 — *La Causette sur la route.*

Au dos, on lit : « Madame Cravel, de retour de Lyon, causant avec la bonne de Vial et avec Madame Rabatel. Chabons (Isère). »

Signé en bas, à gauche, et daté : *1877.*

Aquarelle. Haut., 24 cent.; larg., 33 cent.

JONGKIND

9 — *La Côte Saint-André.*

Signé en bas, à droite, daté à gauche : *8 juin 1884.*

Aquarelle. Haut., 15 cent.; larg., 25 cent.

JONGKIND

10 — *Bateaux de pêche, à Anvers.*

Signé en bas, à droite, et daté : *5 oct. 67.*

Aquarelle. Haut., 26 cent.; larg., 44 cent.

JONGKIND

11 — *L'Isère, à Grenoble.*

Daté : *77.*

Aquarelle. Haut., 22 cent.; larg., 36 cent.

JONGKIND

12 — *La Saône.*

> Signé en bas, à droite, et daté : *28 juillet 1876.*

>> Aquarelle. Haut., 15 cent.; larg., 27 cent.

JONGKIND

13 — *La Grand'route de Virieu.*

> Au dos, on lit : « Paysage sur la grand'route de Virieu à Pupetière, 24 sept. 1877. »
>
> Signé en bas, à droite, et daté : *1877.*

>> Aquarelle. Haut., 18 cent.; larg., 40 cent.

JONGKIND

14 — *La Merweede, à Dordrecht (Hollande).*

Au dos, cette annotation : « Rivière la Merweede, à Dordrecht (Hollande). »

Signé en bas, à droite, et daté : *1872*.

Aquarelle. Haut., 22 cent.; larg., 26 **cent.**

JONGKIND

15 — *La Grand'route de Grenoble.*

Daté à gauche, en bas : *8 mai 1884*.

Aquarelle. Haut., 22 cent.; larg., 32 **cent.**

JONGKIND

16 — *Route aux environs de Grenoble.*

Daté à droite, en bas : *24 fév. 1881.*

Aquarelle. Haut., 18 cent.; larg., 54 cent.

JONGKIND

17 — *Le Château d'Épinay.*

Au dos : « Château d'Épinay, dans le Dau-phiné, 12 sept. 77. »

Signé à droite, en bas, et daté : *1877.*

Aquarelle. Haut., 15 cent.; larg., 23 cent.

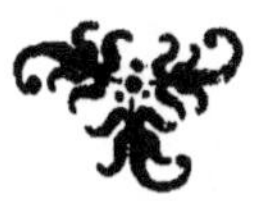

Paris. — Imp. Georges Petit, 12, rue Godot-de-Mauroi. — 11659-02.

www.ingramcontent.com/pod-product-compliance
Lightning Source LLC
LaVergne TN
LVHW010842180726
843502LV00009B/3710